PARIS

EST-IL

L'ENFER DES CHEVAUX

LE PURGATOIRE DES HOMMES

LE PARADIS DES FEMMES

?

TRILOGIE

PARIS

Chez les principaux Libraires

1863

PARIS

EST-IL

L'ENFER DES CHEVAUX

LE PURGATOIRE DES HOMMES

LE PARADIS DES FEMMES

?

TRILOGIE

PARIS

Chez les principaux Libraires

1863

Paris. Imp. PILLET fils aîné, rue des Grands-Augustins, 5.

AVIS AU PUBLIC

L'AUTEUR.

Les trois coups sont frappés!... La toile qui se lève,
Déjà me fait trembler pour la fin de mon rêve;
Allez, mes premiers vers, enfants de mon loisir!
Puissiez-vous au public donner quelque plaisir;
Vous n'êtes point flatteurs, vous êtes sans envie,
Corrigez en riant les travers de la vie...

LE PUBLIC.

Il est un lieu pavé de ces intentions;
Moi, j'aime la chaleur et les émotions.

L'AUTEUR.

De l'enfer?

LE PUBLIC.

Ah! c'est fort!

L'AUTEUR.

En craignez-vous l'histoire?

LE PUBLIC.

Non... mais vos neuf cents vers...

L'AUTEUR.

Sont un vrai purgatoire.
Espérez-vous d'emblée entrer au paradis?

LE PUBLIC.

Pour l'avoir, que faut-il?

L'AUTEUR.

Me lire et voir Paris.

1

1

PARIS

EST-IL

L'ENFER DES CHEVAUX?

Il est un vieux dicton que m'apprit ma nourrice,
Flamande au franc parler et pleine de malice :
« Enfer pour les chevaux, des femmes paradis,
« Purgatoire pour vous, messieurs, voilà Paris. »
Vous me dites, lecteur : « Voilà bien la province !
« L'écrevisse toujours recule, dort ou pince... »
Entre ces deux avis je flottais suspendu.
Mais, prompt au démenti, Paris s'est défendu :
« Je suis la cité reine, et mon nom seul enchante
« Les peuples et les rois... L'Anglais même mé vante!
« Je puis refuser net les trois surnoms *dévots*
« D'un proverbe menteur que répètent les sots.
« Poëte, venge-moi d'un portrait infidèle !
« Pour tous les gens d'esprit, je suis folâtre et belle,
« Et mon miroir me dit que *je n'ai mérité*
« *Ni cet excès d'honneur, ni cette indignité.* »
Ainsi parlait Paris, ou plutôt Célimène,
La fée au doux regard, la moderne sirène,
Quand elle m'apparut à l'heure de minuit.
Poëte!... à ce grand nom qui seul m'aurait séduit,
Elle ajoute tout bas... « Pour plaire, il faut médire. »
La coquette en fuyant, pour prix d'une satire,
M'offre du tentateur le fruit doux et fatal.
Le sort en est jeté... Je pars... Vite! un cheval!

Aux champs de Mac-Adam (1) où se crotte la foule,
Voyez ce char doré, glissant plus qu'il ne roule!

(1) On sait que Mac-Adam est le nom de celui qui inventa les
chaussées empierrées.

Il vient, il vole, il fuit... Son maître est d'un haut rang,
Il a double attelage et son poids n'est pas grand.
Au cavalier qui suit, il faut l'ombre d'un hêtre,
Un sable humide et doux pour qu'il cherche à paraître
Le rival de Baucher ou du dompteur Rarey,
En risquant une volte et son plus vif arrêt.
Il est vrai qu'au printemps il fait parfois campagne.
Le *steeple-chase* anglais, le *torrile* d'Espagne (1)
Rend le Français jaloux. A Marne, il va bondir
En *jockey matador* (2) pour se faire applaudir ;
La beauté le regarde ; et près de la rivière,
Pour un cas malheureux je vois une civière.
Qu'importe, me dit-on, savez-vous les paris,
On peut beaucoup risquer pour gagner un grand prix.
Quoi ! ses jours pour de l'or ! — A ce jeu militaire,
Monsieur, l'honneur est tout, — je sais, comme à la guerre.
Mais alors, écoutez ce qu'un vieux musulman
De nos anciens tournois a dit fort sensément :
« *C'est trop fort pour la paix, pas assez pour la guerre !* »
Moi, je condamne un jeu que déteste une mère.
Un Rider me répond : « Fort bien, mon chroniqueur,
« Comme un enfant gâté, soyez peureux, moqueur.
« Riez de notre paille... oui, mais calmez Pégase,
« Qui veut un cavalier plus ferme sur sa base ;
« Car je vous vois déjà, saisissant ses longs crins,
« Bondir en grand danger de vous casser les reins. »
Vous avez de l'esprit, *Rider*, comme un *Français*.
Si vous faisiez des vers, vous auriez du succès.

(1) *Torrile* veut dire en espagnol la loge où l'on renferme les
taureaux du combat.

(2) *Jockey matador* veut dire à la fois coureur et combattant.

Faites-en !... et demain je prendrai ma retraite.
Au prodigue guéri le bon père fait fête !
Seulement plus de boxe, et gardons notre *estoc* !
Gaulois, n'allons pas voir plumer vivant un... coq.
A l'instar d'Albion, qu'un ministre encourage
Un utile produit, je le trouve fort sage.
Boulogne et Chantilly, vos coursiers glorieux
Rendront Ascott (1) moins fier, Epsom moins orgueilleux.
Mais n'imitons jamais la publique démence
Qui fait qu'un parlement proclame sa vacance
Pour voir quelques chevaux se disputer un prix.
Les *hourrahs* me font peur ; et chez nous, je souris
Quand je vois pour vingt francs assister au pesage,
Et singer les sportsmen avec bonheur et rage,
Un Sancho de comptoir ou le Rider piéton
Qui porte pour cocarde un morceau de carton.
Plus loin, je vois Philis, en ceinture dorée,
D'un jockey qui s'élance arborer la livrée.
Sa main tremble en pointant pour le rouge ou le noir,
Et son cœur desséché palpite encore d'espoir.
Revenons-nous aux mœurs de l'antique Byzance ?
Les verts font sur le turf à nos bleus concurrence,
Et la foule accompagne en cortége serré
Pur-Sang vainqueur qui boite et qu'on ramène au pré ;
Plus tard au Tattersall, cette seconde bourse,
Du vaincu le gingembre échauffera la course.
Son maître le *reporte*, et malgré ce guignon,
Prouve qu'un coulissier vaut un vieux maquignon.

(1) *Ascott, Epsom*, sont les théâtres des grandes courses en Angle-
terre ; ils correspondent à nos hippodromes de Boulogne et de Chantilly.

La race est un honneur ! Deux hippiques théâtres
Sont ouverts à Paris... Les *gandins*, idolâtres
Du fard ou du maillot qui les ruinera,
Y trônent en sultans comme au grand Opéra ;
Tandis que nos soldats, rois de la galerie,
Traduisent en bravos leur joyeuse furie,
J'applaudis avec eux au parfait cavalier,
Des frères *Franconi* véritable héritier ;
Mais, en dépit de tous, je hais un saltimbanque
Dont le saut périlleux coûte un billet de banque.
J'aime un viril élan, de gracieux efforts
Sur un cheval qui cède en rougissant son mors,
L'hippodrome animant l'histoire militaire,
Et l'orchestre qui souffle une ivresse guerrière.
Seulement si l'écho d'un canon glorieux
Réveille un spectateur, fils ou rival des preux,
Il faut à ce guerrier un compagnon robuste
Qui naquit près d'Alger, qui vit d'un maigre arbuste,
Et dont le sable chaud a trempé les jarrets ;
Un pur sang convient mieux à d'oisifs freluquets.
Tu le montes, Laïs, va *seule* en amazone,
Et le visage en feu comme une tisiphone,
Éclabousse au galop, méconnais en riant
Ton fils abandonné, ton père mendiant.
Et jette près du lac la cravache et la bride
Au groom qui de Pur-Sang couvre la croupe humide,
Pour traîner aux chalets, en barque, en escargot (1),
Un lion sous le bât, ou quelque vieux magot.
Est-ce trop demander pour la pudeur publique
Que Médor jusqu'au bois suive son Angélique ?

(1) *Escargot*. On appelle ainsi les voitures très-basses de ces
dames.

Point de confusion, Médor n'est pas un chien ;
Relisez Arioste, et vous le verrez bien (1).
Ce solo féminin blesse les bienséances,
Et l'on doit respecter au moins les apparences,
Vous dira comme moi le père de famille,
Qui, pour mieux retremper la santé de sa fille,
La conduit à cheval au grand air, au soleil,
Et lui donne à la fois l'exemple et le conseil.
Vaut-il mieux, cependant, qu'à travers une noce
Phaéton file vite avec son grand molosse,
Et que sa *déité*, fumant la bride en main,
Crie *hop!* à deux purs sang qui vont à fond de train.
L'hiver ils ont un châle avec la genouillère,
L'été le chasse-mouche, et jamais de poussière ;
Car devant le rouleau qui le rend régulier,
L'arrosoir officiel rafraîchit le gravier.
A l'hôtel, le *confort* règne en leur écurie ;
Au printemps, dans les prés ils ont leur métairie,
Et s'ils sont fatigués du pain de nos soldats,
Le sucre pour dessert ne leur manquera pas.
Le pauvre, hélas! pourrait envier leur litière !
Ils ont leurs médécins consultant, ordinaire,
Et si pour eux Purgon prodigue en vain les frais,
On les conduira boire aux eaux de *Cauterets* (1).
Mais malheur à celui dont la toux est rebelle,
Dont le flanc épuisé se creuse sous la selle,

(1) *Médor*, dans Arioste, est l'amant de cœur qu'Angélique préféra à Roland, à Renaud et à d'autres.

(2) Les étalons malades de la poitrine sont souvent conduits du haras de *Tarbes* à Cauterets.

Et dont un seul faux pas au genou est marqué.
Gloire et *confort*, par lui tout doit être abdiqué.
Il va, pour ses péchés, tombant dans la *remise*,
Être en proie au joueur qui court après la mise,
Ou de cheval de jour passé cheval de nuit,
Comme un beau ver luisant il se traîne et pâlit.
Si la rose a vécu ce que vit une rose,
Pur-Sang quand il mérite un nom plus *dur en prose,*
Doit subir son destin et savoir que vieillir
Signifie, à Paris, commencer à mourir !
Nouveaux Athéniens, vous manquez d'indulgence
Pour la gloire en déclin, j'en rougis quand j'y pense ;
Seulement, par un trait d'Albion emprunté,
Pur-Sang trouve à Paris sa loi de sûreté.
Si dans un jour d'hiver un automédon ivre
Frappe au sang ses naseaux et l'abat sur le givre,
Un sergent, sans pitié, dresse un procès-verbal,
Et demande vengeance au pied d'un tribunal.
Tandis que sans danger sur sa femme et sa fille,
Notre homme lève un fouet, les frappe ou les étrille,
Travaille un grand dimanche et fêtant les lundis,
Laisse ses fils sans pain au fond d'un noir taudis.
Minuit ferme, il est vrai, le tripot et la cave,
Et près du lampion d'un trottoir qu'on repave,
Il ne peut plus ronfler, mais il est bien gardé
Et dort au violon en chantonnant *Vadé.*
Le puritain anglais connaît cette misère,
Et sur elle étendant sa légale colère,
Il conduit en brouette au terrible *alderman*
Le *cokney*, le banquier, le lord, le gentleman,
Qui montre en plein soleil une ivresse trop franche
Au lieu de se griser à *huis clos* le *dimanche.*

La France est plus clémente, et sa loi laisse encor
A tout féal sujet le droit d'être ivre-mort.

Pour le peuple et la France on me dira sévère :
Je ne veux pas, lecteur, m'attirer une affaire ;
Au fiacre, à l'omnibus, revenons, s'il vous plaît,
Pour connaître l'enfer de nos chevaux de trait.
Balzac, ce grand conteur, dont la muse subtile
Amusa si longtemps et la cour et la ville,
Balzac eût seul pu dire : *Ils sont comme il en faut.*
Moi je dois de Paris avouer le défaut :
Son luxe trop souvent insulte à l'indigence,
Et le bonheur de l'un est pour l'autre souffrance.
Si l'antique pavé fait place à du parquet,
L'attelage y patine en plein mois de juillet,
Et, mollement bercés, nous risquons des culbutes,
Qui des pauvres chevaux doivent venger les chutes,
A moins que nous n'ayons à piler du *béton.*
Mais la dame, ou plutôt le balai... de *bon ton,*
Pour nous sur le trottoir a promené sa roue,
Et, passant la chaussée, en étanche la boue ;
Le piéton la suivrait, mais l'art américain
Fait à travers la foule avancer un grand train (1).
Si vous n'entendez pas son aigre cornemuse,
Si vous rêvez d'amour, si vous suivez la Muse,
Gare à vous !... cette masse est au cabriolet
Ce qu'est au plomb trop lent le conique boulet ;
Et quand la diligence arrive, à l'abordage !
Je crois voir deux *steamboats,* volant comme l'orage

(1) L'omnibus à 60 personnes.

Sur le Mississipi, courant bord contre bord,
Et suivant leur devise... *Arriver ou la mort!*
Quand ne verra-t-on plus la mode et la démence
Exploiter des chevaux la race sans défense!
Aujourd'hui le badaud n'est plus qu'un souvenir :
Paris est l'hippodrome où chacun veut courir.
Plutus se dresse au but, on rêve la victoire,
Et l'homme et le cheval, je commence à le croire,
Ont le même destin : ils vont, d'un pas égal,
Du turf à Montfaucon, du sport à l'hôpital.
Ont-ils même tombeau? Non, dit de Quatrefages.
Certain amphitryon (1) des nouveaux hippophages,
A montré doctement, considérez l'honneur,
Que manger un cheval était un vrai bonheur.
En vain protesterait un estomac morose,
Notre siècle revient à la métempsycose.
Le chat se fait lapin : et le rider en deuil
Mangera son Pur-Sang en filet de chevreuil ;
Mais Disdéri du moins prit sa photographie
Pour illustrer un jour l'histoire de sa vie.
Et je lis au *Studbook*, au-dessous de son nom :
Ce fut un grand cheval, digne de sa maison.
Concluons... A Paris, il faut beauté, jeunesse,
Pour briller et pour boire à la commune ivresse.
L'homme ou le cheval court ; le chemin est de... fer ;
La mort peut illustrer ; mais vieillir est l'enfer.

(1) Feu l'illustre et regrettable Isidore Geoffroy Saint-Hilaire réunit un jour ses confrères de l'Académie, pour leur faire manger de la viande de cheval. Il fit pour cet aliment ce que Parmentier avait fait pour la pomme de terre. Ainsi je puis dire avec la Fontaine :

> Vous leur fîtes, seigneur,
> En les croquant beaucoup d'honneur.

II

PARIS

EST-IL

LE PURGATOIRE DES HOMMES?

Dans ce cercle d'épreuve en gardant l'Espérance,
Entrez, mon cher lecteur, pour faire pénitence.
Et quand vous recevrez à l'endroit faible un coup,
Dites : « Qui frappe ainsi doit nous aimer beaucoup. »

La poésie et l'art, les lettres, la science,
Ont choisi pour foyer le cœur de notre France.
Comme un sang généreux, le monde le sait bien,
Leur feu s'allume là, circule et puis revient.
Dieu bénit le travail ; il en grandit la sphère.
Paris, malgré l'encens et l'amour délétère
De tes riches blasés, des jeunes ou vieux fous,
Reste des grands esprits le plus cher rendez-vous.
Mais guerre à tes péchés, et plus d'idolâtrie ;
L'ennui règne au salon, la vogue à l'écurie.
Un noble fainéant trafique de son nom,
Et le parvenu prend sur fond d'or un blason.
Si vous savez, messieurs, tout le prix d'un ancêtre !
Sachez comment on peut le rappeler ou l'être.
A la voix du pays, duc, bourgeois, paysan,
Tout Français court au feu, *vive le mieux faisant.*
Mais la plume, un compas, aussi bien qu'une épée,
D'un jeune ou d'un vieux tronc fait grandir la cépée ;
Et la France à ses fils promet et donne encor
Le grand et vrai laurier que consacre la mort.
Que la gloire aux châteaux reste fidèle et chère,
Qu'elle embrasse sa sœur, la gloire roturière,
Et puissions-nous toujours les saluer au but,
Au palais de l'honneur, au seuil de l'Institut.

Paris craint les vapeurs qu'exhale la bohème,
Le talent peut y naître ou s'y plonger lui-même ;
Mais ce ferment divin y court en feu follet :
Le flambeau renversé jette un fumeux reflet,
Et tous deux font tomber ton art, ta poésie,
Dans l'odieux réel brodé de fantaisie.....
La sainte pauvreté doit avoir sa pudeur,
Pour être du génie ou le guide ou la sœur,
Et pour faire accepter ses rayons à la terre...
Homère mendiait..... noblement.... en Homère.
Toi, Muse au vrai talent, donne place au soleil ;
Mais saisis aux cheveux l'ivresse et le sommeil.
S'il le faut, aux bas-fonds pleins de sang et de boue,
Où le crime se glisse et la débauche joue,
Pénètre..... donne au corps, donne à l'âme le pain ;
Dis à l'homme égaré : « Viens, frère, et prends ma main. »

Honneur, plaisir, pouvoir, dans cette ruche humaine,
Plus vous avez d'éclat, plus vous coûtez de peine !
Qui brille au premier rang, devra, pour y rester,
Contre mille rivaux sans relâche lutter.
L'oisif fera des riens de peur de ne rien faire ;
Il s'épuise en efforts pour s'amuser et plaire,
Et sentant le désir par l'abus s'émousser,
Au roc de l'amour-propre il cherche à l'aiguiser.
Enfin, objet d'envie, ou d'amour ou de haine,
Le pouvoir qui relâche ou roidit notre chaîne
Ne ressemble plus guère au monarque indolent
«Que promenaient deux bœufs d'un pas tranquille et lent.»
Paris du mouvement revendique la gloire,
Et les seuls paresseux y sont en purgatoire.

Le jeu même, ou du moins ce qu'on appelle ainsi,
S'il n'est pas un travail est un cuisant souci.
Cet homme, jeune encore, à l'œil terne, au teint pâle,
Qui craignit d'un métier la routine ou le hâle,
Dont le luxe éblouit, et qui semble toujours
Des Titans du parquet mendier les bonjours,
Si vous lui demandez de son grand train la source,
Vous répond : « Cher monsieur, moi, je vais à la Bourse. »
J'ai nommé de ce temps la honte et le fléau.....
Montez, fous ou larrons, dans ce premier préau ;
Mais qu'un Ponsard vengeur, du fond de la fournaise,
Vous traîne sans pitié sur la scène française ;
Et qu'un jour Delacroix montre un nouveau Python
Expirant sous les coups d'un vrai fils d'Apollon.
En vain tombe sur nous le volcan des réclames,
Sans en être éblouis nous en bravons les flammes !
Ton règne va finir, ô joueur effronté !
Du verre il a l'éclat et la fragilité !
Va mendier la croix ; va la piper la veille
Du jour du déshonneur... toujours une bouteille
Qu'on étoile se brise, et le vil intrigant
Qui brave la lumière en vain fuira vers Gand.
Oui quand le crime enfin sort du succès d'un vice,
Je vois, sur son chemin, se dresser la Justice.
Elle frappe, et sa main abat le loup-cervier
Qu'attend le fer de l'âne ou le croc du limier.

Muse, fuis la curée où se débat sa vie ;
Cours au vice vainqueur, flagelle aussi l'envie,
Mais défends le mérite et poursuis l'insulteur
Qui confond le banquier avec l'agioteur ;

Un homme actif et pur avec un homme habile,
Et le travail fécond avec le jeu stérile.
La France ivre de gloire a besoin de crédit ;
Joseph, des Égyptiens n'a pas été maudit
Pour avoir le premier enseigné la science
Qui, pour les jours mauvais, dîme sur l'abondance.
Et ses pareils encore ont droit aux grands honneurs,
Quoique l'aveugle faim les nomme *accapareurs;*
Si leur orgueil est grand, si leur faste importune,
Soyons, nous, justes, bons, dans leurs jours d'infortune.
Jacques Cœur dans l'exil, Lavoisier condamné,
Lafitte en décadence et Chaptal ruiné,
Pouvaient en appeler à l'impartiale histoire,
Qui, d'injustes revers, fait des rayons de gloire.
Ici de l'épopée il faudrait tous les tons ;
Revenons, s'il vous plaît, lecteur, à nos moutons !

Hélas ! qui nous rendra la douce causerie,
Aiguillon de l'esprit, honneur de la patrie ;
Le bon style en naquit ; il est trop dédaigné
Le sel qu'à nos boudoirs a transmis Sévigné.
Vous parlez, jeunes gens, chemin de fer et banque,
Pour rire vous aimez l'argot d'un saltimbanque,
Et nommez orateur un pédant lourd, bavard,
Qui déroule un long *speech* gai comme un corbillard.
Des hommes d'autrefois trop lourde fut la chaîne,
Vous, amis du confort, ennemis de la gêne,
Abreuvez-vous d'absinthe et parlez avec fiel
Des lois, des créanciers et du joug paternel ;
Watteau vous plaît beaucoup, vous partez pour Cythère,
Mais en paletot gris... Vous aimez votre mère !

Pourquoi, du bal Mabile, arrivant à son bal,
Rapporter à vos sœurs l'encens du caporal?
Quand serez-vous galants dans une promenade?
Gais, fous, mais non grossiers dans une mascarade?
Si je ris d'un Werther bouclé, pâle et rêveur...
La moustache à crochets, la barbe de sapeur,
Parure du soldat, me semble fort niaise
Aux lèvres d'un bourgeois... Prenez la mode anglaise,
Qui ne laisse ces crins qu'au lion en dolman ;
Mais du favori rouge usez plus sobrement.

Lorsqu'au loin nos guerriers poursuivent leurs victoires,
Conservez, jeunes gens, nos pacifiques gloires ;
Le Français, né galant, devenait beau danseur.
De ce legs paternel refusez-vous l'honneur?
Notre siècle, dit-on, inventa l'harmonie ;
Il aime la musique, il en a le génie.
On va jusqu'à louer les concerts d'amateurs ;
Mais Madame a payé ses accompagnateurs ;
Du ténor des salons la taxe est bien connue.
Seul poëte et chanteur, Nadaud vient de la nue (1).
Qu'apportez-vous, messieurs, à votre amphitryon,
Qui croit, de vrais amis, remplir un grand salon?
J'y vois entrer souvent la pâle Jalousie,
Qui devient en sortant la noire Calomnie.
« J'ai fille à marier, chantent les galoubets.
« — Combien de dot? répond un buveur de sorbets.
« — Peu, dit un chaperon, c'est luxe et indigence.
« Ici tout est appât jusques à l'innocence.

(1) Allusion au *Voyage aérien*, chanson de M. Nadaud.

« La fille en fleur prendra quelque vieux papillon,
« A moins qu'aux lacs maman ne prenne un oisillon. »

Notre homme à marier, plus prudent que son père,
Avant de soupirer consulte le notaire,
Et dit, courant toujours après la chaîne d'or :
« Entre trente et quarante, on est très-jeune encor. »

N'est-il pas le phénix, aimant, sachant le monde?
Le billet imprimé chez son concierge abonde,
Et même un autographe écrit par la beauté
Lui portera vers Pâque un mot de charité.
Vive le célibat! ô la douce existence!
On cherche au restaurant la source de Jouvence,
Et vos amis venant manger votre dîner,
Fumeront vos *puros* à l'heure de flâner.
Votre club est royal,... fuyez donc la famille,
Les enfants coûtent cher, il faut doter sa fille...
Mieux vaut sans un souci, marchant comme un pantin,
Lorgner au boulevard la Vénus mauvais teint,
Passer ainsi l'hiver, et, quand vient l'hirondelle,
La croiser en chemin libre, et léger comme elle,
Pour montrer à *Baden* vos doigts jouant dans l'or,
La jambe à Chamounix, un beau torse à Tréport.
Les mères et vos sœurs vous brûleront des cierges.
Vous tentez, vous dotez leurs mûrissantes vierges,
Et votre cher neveu, héritier caressant,
Vous dit qu'aux *champs d'amour* vous êtes tout-puissant.
Des chers camélias faites-vous un trophée ;
L'or qui sonne en vos mains vaut la lyre d'Orphée :
Il traîne sur vos pas cet essaim de houris
Que le grand Opéra garde en son paradis.

Mais quel besoin d'ouvrir de secrètes coulisses ;
Notre théâtre vit à montrer ces délices!
Mieux vaut dire ta fin, chevalier de Faublas,
Entre Azor et Babet, avec la goutte, hélas!
Je te vois fréquenter la Petite-Provence
Et des plaisirs passés avec la souvenance
J'aperçois sur ton front comme un dernier souris
Quand un vieux compagnon te parle des maris.
Asmodée à tes yeux livre chaque ménage!
Moi, je veux consulter, en fait de mariage,
Un mari mécontent... Lecteur, le serais-tu ?
Non, tu rejettes loin un propos biscornu,
Et du diable boiteux, défiant la béquille,
Tu places le bonheur au sein de la famille...

L'époux parisien garde une chambre à part
Afin de se coucher ou de se lever tard.
Il déjeune au café sous le moindre prétexte,
Et s'il rentre au logis, gronder, voilà son texte ;
Ensuite il passe au club, à la Chambre, au Palais,
A l'une ou l'autre Bourse : enfin il fait l'Anglais.
S'occuper de sa femme est de mauvaise race,
L'argot des grands viveurs trouve ce soin *cocasse*.
Quant à ses fils..... Il prend un jeune précepteur
Ou les met au rabais chez un instituteur,
Et de ce grand effort calculant bien la suite,
Il demande à grands cris l'instruction gratuite.
Pour former de ses fils l'esprit avec le cœur,
Il faut marcher trop ferme au chemin de l'honneur ;
De toute passion il faut chasser l'ivresse
Et couver tout son nid sous sa chaude tendresse.

Par semaine, au lycée, on voit l'enfant deux jours,
On arrose de pleurs ses lauriers au concours :
On cherche à l'amuser en sortie, aux vacances,
Et l'on ouvre son âme aux riches espérances.
Qu'importe si plus tard, comme un vaisseau sans lest,
Et qui, battu des vents, va du nord à l'ouest,
Au port de la famille il ne jette plus l'ancre !
Au prodigue qui fuit, écrivant de bonne encre,
Le père des écueils croira le préserver
Quand il faudrait un cœur, des bras pour le sauver !…
Mais quoi ! ne faut-il pas que jeunesse se passe ?
« Par ses propres excès le vice enfin se lasse. »
Bien parlé, jeune père ! et restez sur ce point
Plus jeune que vos fils ! Je n'irai pas plus loin !
Si d'un nouveau Noé le théâtre indiscret
Semble rire avec Cham, moi j'imite Japhet.

Du boudoir conjugal dirais-je la coutume ?
Madame boude ou dort, et monsieur bâille ou fume.
J'y voudrais voir l'enfant pour en chasser l'ennui.
Il babille, il s'ébat, on folâtre avec lui,
Et comme le printemps qui fait fondre la neige,
Son baiser glisse au cœur que le chagrin assiége :
Son berceau fait rêver d'amour et d'avenir :
On se sent tout heureux rien qu'à le voir dormir.
Mais non, monsieur va seul à la grande soirée,
Dans un cercle où madame est encore ignorée ;
Ou bien souscrit lui-même à l'usage impoli,
Qui, comme Cendrillon, la laisse dans l'oubli.
De son côté, madame aura sa cour intime ;
Je veux que du sérail, observant la maxime,

Pour déguster le thé, l'aï, le marasquin,
Pour mordre un frais gâteau, des sandwich, le prochain.
Pour partager la pomme et croquer la praline,
Elle ait toujours près d'elle une autre crinoline,
Rarement un Vert-Vert, un cousin qui grandit...
Le cas que vous citez au ciel était écrit.
Et le monde, qui jase en riant d'un ménage,
A moins d'un grand scandale prendra fort peu d'ombrage
Des torts de deux époux, qu'il a trop provoqués ;
Mais il veut qu'on se voile, ainsi qu'aux bals masqués.

Epoux qui fais la moue à la table choisie,
Dans les mets frelatés trouves-tu l'ambroisie?
Va rire, folâtrer et boire à tous les coins,
Tête chauve, à trente ans, et jaune de tous points,
Imite le vieux Pan, et mords bien à l'amorce
De Daphné, qui n'a plus de feuillage et d'écorce.
Mais crains une Circé régnant sur des verrats,
Et de ton patrimoine écarte bien les rats.
Les hommes, à Paris, débordent d'existence.
Quand le cœur est trop plein, il faut bien qu'il dépense.
Satyres ou démons, si le rôle vous sied !
Bifurquez de la tête aussi bien que du pied.
Il est un Dieu vengeur, j'en atteste l'histoire ;
Votre sort quel qu'il soit, enfer ou purgatoire,
Souvenez-vous, messieurs, vous l'aurez mérité.
Et d'un certain malheur ayant fort plaisanté,
Répétez, s'il vous plaît, avalant votre dose :
Ignoré, ce n'est rien ; connu, c'est peu de chose.
Moi... je conclus d'un mot, pour rassurer les bons :
Les maris malheureux sont les maris garçons.

III

PARIS

EST-IL

LE PARADIS DES FEMMES?

« Madame, lisez-moi, vous êtes adorable,
« Et l'on se damnerait pour vous paraître aimable !
« Le chérubin (1) qu'éveille un œil doux ou vaillant,
« L'âge mûr qu'enflamme ce brasier scintillant,
« Et jusques au vieux cœur où tombe une étincelle
« D'un trop fatal amour, tous ont dit : Qu'elle est belle !
« Je me mets à vos pieds, je parle en vrai marquis ;
« Votre séjour, Madame, est bien le paradis !
« Armide vit en vous ! soyez ma suzeraine !
« Et puissé-je effleurer vos doigts de mon haleine !... »
Mais la dame aime mieux un Alceste grondeur ;
Elle veut un amour jeune, actif, plein d'ardeur,
Et comparant mes vers au sifflement des merles,
Rit, boude ou bâille... enfin, me montre vingt-huit perles.
« (Monsieur, dit la Sagesse, oubliez-vous mes dents ? —
« Non pas ! Mais à Paris, on sait que de tout temps
« La femme, de l'éclat d'une longue jeunesse,
« Passe inopinément à la triste vieillesse ;
« Les dents dont vous parlez, et qui sont de mon goût,
« S'y trouvent rarement, ou guère, ou pas du tout.
« Viennent-elles pourtant entre trente et quarante,
« Celle qui les subit les avoue à soixante.) »
Ma bâilleuse est moins vieille, hélas ! C'est un lutin
Qui, pour mon pauvre cœur, a des dents de requin ;
Je les vois et lui dis, ivre et fou de colère,
Qu'elles vont distiller du venin de vipère !
Mais la bouche se rouvre et dit, riant bien fort :
« Regardez donc, Monsieur ; vraiment vous avez tort. —

(1) Celui de Beaumarchais.

« J'accepte le défi, l'occasion est bonne ;
« J'aperçois un point noir sur une dent mignonne ;
« J'y vais porter sans gants le fer, le plomb, le feu...
« Il faudra par malheur faire souffrir un peu ;
« Mais du salut du reste, en donnant l'assurance,
« J'aurai lieu d'espérer quelque reconnaissance...
« Pourquoi bouder, Madame ? Un fidèle pinceau
« Pour peindre vos vertus cherche l'ombre au tableau ;
« Et si d'un peu de noir en glissant il vous touche,
« C'est pour mettre à vos lis une assassine mouche. »

Dans un réduit soyeux vient de naître une fille,
Qu'un mignon faire-part annonce à sa famille.
La mère étant, dit-on, femme de qualité,
Le rejeton, hélas ! promet peu de santé.
Déjà pour l'ondoyer est appelé le prêtre ;
Le baptême est remis : Madame y veut paraître ;
Couvant d'un œil ravi l'enfant dans son berceau,
Et sensible à l'appel de Jean-Jacques Rousseau,
Elle voudrait nourrir. Le médecin hésite,
Attendant le refus que le mari lui dicte.
Vaut-il pas mieux choisir dans l'essaim des nourrices
Celle qui vend très-cher son lait ou ses caprices ?
Plutarque, sur ce point a dit fort savamment
Que le bon lait influe autant qu'un noble sang
Sur l'avenir, le cœur, et sur le caractère...
De *Plutarque* et de *Gall* on ne s'occupe guère ;
Mais nourrice aime fort les *Pacots*, les *Bayards* ;
L'horoscope en conclut : *Vénus aimera Mars.*
Vous riez... A le croire on ne force personne.
Phèdre avait cependant, avec le lait d'Œnone,

Sucé le germe affreux des lointaines fureurs
Que devaient réveiller des discours suborneurs ;
Et l'on sait quel venin sort du pis d'une louve !
L'assassin de Rémus ou Rome aussi le prouve ;
Je retourne au poupon : il devient un lutin
Qui court, saute et folâtre au bois, au grand jardin.
Maman, de sa toilette avant tout occupée,
Semble encor, l'habillant, jouer à la poupée.
Lui dit : « Tenez-vous bien, je vous trouve à ravir ;
« Cette robe vous sied, n'allez pas la salir. »
Esclave, dès six ans, d'une neuve bottine,
D'un corset trop étroit, de l'ample crinoline,
L'enfant ne se plaint pas, sachant qu'on doit souffrir
Pour être *comme il faut* et tâcher d'embellir.
Elle connaît la mode et veut sous une ombrelle,
Marchant à petits pas, singer la demoiselle.
Saute-t-elle à la corde ? aux yeux du spectateur,
D'effacer sa compagne elle fait son bonheur.
On dirait le volant que lance la raquette
D'un laquais paresseux à Suzon la soubrette.

Bientôt le *Sacré-Cœur*, les *Oiseaux*, *Saint-Denis*,
Ont fermé leurs verroux ; les péchés sont bannis.
En cocon uniforme, en brune chrysalide,
La vierge prend l'honneur, Marie ou Dieu pour guide...
Mais laissant les fuseaux, elle file des sons,
Elle cherche *un maintien*, elle en prend des leçons...
Arrêtons-nous ici. Saluons cette grille
Qui garde avec l'honneur le culte de famille.
Je suis père et je dois baiser avec respect
Ce seuil que souillerait un vers tendre ou suspect.

Le cocon se déchire, et la cage se rouvre ;
Un horizon de feu tout d'un coup se découvre ;
Et le monde remporte en son grand tourbillon
L'oiseau qui prend l'essor, le tremblant papillon.
A ce moment commence un affligeant mystère :
L'ange ne lira pas, ou du moins on l'espère,
Les livres de maman, de papa le journal.
Mi-vêtue au spectacle et valsant au grand bal,
Elle peut s'enivrer de danse et de musique,
Mais doit garder son cœur ou son regard pudique,
Et chanter en duo, d'un ton italien :
Amor... *Crudel amor !* sans y comprendre rien.
Moi, je lis dans son cœur... et sa révolte intime
Rappelle un vin d'Aï qu'on chauffe et qu'on comprime.
... Mais c'est une héritière, un chiffre de vertus
Suivi de grands zéros qu'on nomme sacs d'écus ;
Elle en traîne le poids ; elle attend qu'un beau page
Soupire... et de ce poids demande le partage.
La mère est exigeante ; elle espère éblouir
Et croit que toute dot en roulant doit grossir.

Pour vous, filles du peuple ! à travers la grand'ville,
Marchez d'un pas discret et ferme autant qu'agile ;
Seules sous l'œil de Dieu, redoutez tout écueil,
Le luxe et le plaisir ; la paresse et l'orgueil ;
Trottez vers l'atelier ; que l'aube matinale
Éclaire de vos fronts la beauté virginale !
Moi qui n'ai pas pour vous l'âme d'un séducteur,
Qui vous honore trop pour parler en flatteur,
Je ne vous nomme pas grisette ou demoiselle ;
Je vous dis : Mon enfant, la pudeur rend plus belle !

Le théâtre à Paris est un miroir trompeur ;
Tout bal public, un lacs que tend le suborneur ;
Le roman à trois sous exploite des mystères
Qu'il vous faut ignorer... Me trouvez-vous austère ?
Égayez le travail prolongé jusqu'au soir
Par des chants, un doux rêve, un légitime espoir ;
Pendant qu'aux champs vos sœurs promènent la faucille
Créez, brodez, peignez avec la leste aiguille ;
Vous gagnerez bien peu malgré tous vos talents ;
Votre chemin est rude et les périls sont grands.
Que la réalité vous sauve des fadaises !
Soyez comme l'acier qu'au sortir des fournaises
Reçoit un clair ruisseau, qu'on charge d'un grand poids,
Que l'épreuve et le feu semblent tremper deux fois.
Vous avez double abri : le foyer de famille
Et le temple où de Dieu la lampe brûle et brille.
Faut-il pour vous défendre imiter Juvénal ?
Non, ma muse redoute un cynisme banal !
L'hyperbole d'ailleurs touche à la calomnie,
Et quand l'esprit s'abreuve à tant d'ignominie,
Il s'en grise à son tour et ne peut plus bien voir.
Paris est accusé... le calme est un devoir ;
Et s'il me faut enfin le déclarer coupable
Je voudrais en juré le trouver excusable !
La petite maison, certain bal, certain lieu
Que hantent les soudards, Mondor et Richelieu,
Me soulèvent le cœur... Cette lèpre fatale,
La débauche, a son fort dans toute capitale.
Mais je t'invoque, Dieu ! j'invoque aussi nos lois
Pour sauver la misère et l'enfance aux abois.
Signalons en passant une nouvelle plaie
Que la coutume accepte et qui pourtant m'effraie.

Pour vendre *punch*, *tabac*, pour essayer un gant,
Un patron bien appris, honnête cependant,
Offre l'œil et la main de quelque demoiselle,
Pour les *bas*, le *velours*, le *fil* et la *dentelle*,
Voire le calicot ; il veut un Céladon
Qui sourit à Madame et rêve une d'Egmont (1).
Ta guêpe, Alphonse Karr, a piqué la première
Ce monstre, et toi, Simon, tu venges l'ouvrière
Qui garde sa pudeur et lutte avec la faim,
Tandis qu'à son *rayon Oscar* fait un gros gain.
La charité, l'honneur veulent une réforme,
Mesdames; que pour vous Oscar prenne la forme
D'un nouvel Actéon, et quand mon dard moqueur
Vient en sifflant clouer sa bouche ouverte en cœur,
Refusez le chiffon qu'offre sa main virile.
« Poëte, dites-vous, la chose est difficile,
« Et quand à nous servir un homme se complaît,
« Le refuser vraiment d'une prude est le fait.
« Vois plutôt l'héritière à qui le mot *corbeille*
« A fait battre le cœur... » Il est vrai que la veille
Du parti décisif et du jour solennel,
Quand l'époux jeune ou vieux va la suivre à l'autel,
Elle a rêvé *brillants* et feux de l'auréole,
Qui devra remplacer le virginal symbole !
O fleurs de l'oranger, bandeau simple et sacré !
Si ton cœur par le riche en est souvent leurré,
Pauvre fille du peuple, ah ! sauve ta jeunesse ;
Cours avec ton égal échanger ta tendresse.
Il te prendra sans dot, pour ta seule beauté...
Oui... mais souvent il veut garder sa liberté,

(1) La d'Egmont, fille de Richelieu, je crois, s'amouracha d'un
commis marchand; on a mis l'aventure en vaudeville.

Et la chute pour toi serait la servitude!!!
Fuis une double ivresse, un piége et l'habitude.....
L'amour vit de la lutte, il finit au mépris ;
Ton vainqueur oublîrait ce qu'il t'aurait promis.
Crois-en ta mère et Dieu ; pour que toujours il t'aime,
Pour qu'il soit à vos fils comme un autre toi-même,
Présente au prétendant, comme but du combat,
L'acte civil et saint et *l'illustre* contrat.
Est-il vrai qu'à Paris toute sainte union
Procède du calcul ou de l'exception?
Mensonge ou vérité! que l'homme de notre âge
Une fois enchaîné fasse au moins bon ménage.
Philémon et Baucis, revivez parmi nous :
Plus de maris garçons, plus de maris jaloux,
Quatre-vingt-neuf, dit-on, a détruit cette engeance,
Et la femme surtout brille par la constance.

Oui, cet oiseau léger, capricieux, charmant,
Qu'un pinceau vif et fin saisit malaisément,
Qui craint l'indifférence encore plus que la haine,
Qui pourrait être *Elmire* et reste *Célimène* ;
Qui de sa grâce abuse, et qui pour mieux charmer
A force d'être aimable a désappris d'aimer,
Devient rare à Paris... Est-ce un heureux présage?
Arsinoé moins sombre, *Éliante* moins sage,
A leur tour ont mêlé leur venin et leur miel
Pour médire en commun en nous parlant du ciel,
Et des directeurs doux en déplorant l'absence,
Se passent au besoin la coupe d'indulgence.
Si la femme s'efface, il faut chercher ses traits
Dans l'armoire où Chloris relègue ses bouquets

« Aimable en son printemps, l'été coquette et fière,
« Bel esprit en automne, ou des pauvres la mère,
« Chloris court à l'église au milieu des frimas
« Quand de la cinquantaine a sonné l'affreux glas. »

Gavarni, feu *Granville* aimaient trop l'ironie ;
Devenez plus galants, peintres de notre vie,
Reprenez le pastel, et pour gronder toujours
Laissez le vieil Ésope aller jusques aux cours !
« Mais, dit un courtisan,... la cour sans aventure
« Pour votre vieil Ésope est une sinécure !
« Qui vous dit le contraire, ou ment, ou n'y va point. »
Moi qui n'y fus jamais, j'attends un vrai témoin !

Laisserais-je passer cette duchesse altière
Du faubourg Saint-Germain ? Ma muse roturière
De loin l'admire fort, quand le long de nos quais
La suit un lourd *missel* que porte un grand laquais;
Quand au Conservatoire, grâce à la survivance,
Elle court pour Mozart pâmer de confiance,
Ou quand du grand sermon où le luxe est maudit,
Elle court à Longchamp trôner au saint jeudi,
Au bal de l'Opéra dans une loge noire.
On dit qu'elle se risque... *On dit* n'est pas à croire,
Il est louche ou menteur ! Aimant la liberté,
Je réclame pour tous la sainte égalité ;
La bourgeoise est parfaite, et surveillant Martine,
Sans gants elle a touché le livre de cuisine,
Elle aime peu Balzac, n'accuse pas ses nerfs,
Dit la gamme à sa fille et ne fait pas de vers.

La Bourse aux frais abris et son palais plus sombre
Avaient un doux essaim... Il a fui comme une ombre (1) ;
Le matin ver à soie et papillon le soir,
Philis tient un salon et nous charme au boudoir ;
C'est une Cornélie au fond du gynécée,
De ses petits Romains élevant la pensée,
Et promenant au bois, le fait est bien certain,
L'ange du Sacré-Cœur autant que *Benjamin*.
Sa grâce ou sa beauté doit tout à la nature,
Et l'antique *peplum* suffit à sa parure,
Les passements tressés, l'or, l'argent et le jais
Déjà sont relégués parmi les affiquets ;
Au bal elle est voilée, et pour la danse austère,
Repousse un cotillon que permettait sa mère.
La modiste en pâlit, et le cher *Constantin* (2),
Pour planter de vrais choux achète un grand jardin,
Ou bien il va parer les figures tournantes
Qu'aux vitres d'un coiffeur l'enfant trouve charmantes.
Cette cire, il est vrai, comme le marbre encor,
Trouve son Pygmalion : il s'appelle Mondor.
Je sais tout un quartier que peuplent ses poupées,
Rivales de Phryné, de Laïs, des *Poppées* (3).
Mais ailleurs plus de crin, de fard, de blanc de perle,
Viens, bonheur conjugal, gazouiller comme un merle,
Ou plutôt, doux pigeons, descendez des trumeaux ;
Ayez pour vous aimer des feux toujours nouveaux,
Et suivez roucoulant l'enivrante nacelle

(1) On sait que les parages de la Bourse ont été interdits aux *coulissières*.
(2) Fleuriste en vogue.
(3) Il y a eu deux Poppées.

Qui conduit deux époux à la rive éternelle.
Et vous, ami lecteur, croyez ce que je dis,
Voilà le vrai sentier qui mène au paradis.
J'ai vu son pur rayon, qu'ici l'on ne voit guère,
Glisser sur l'innocent qui sourit à sa mère,
Sur Anne qui fait lire une Marie enfant;
Sur ta mère, Augustin, qui t'enlace en priant.
J'interprète la Fable, Andromède et Persée
C'est l'amour vrai sauvant la vertu menacée.
George combat pour elle et le pain devient fleur
Quand une Élisabeth le présente au malheur.
Virginie avec Paul dans une solitude,
Me rappellent Milton et sa sublime étude !
Ève qui nous fit perdre, hélas! le paradis,
En peut faire rêver au milieu de Paris;
L'amour nous vient de Dieu, on l'a rendu frivole;
Ramenons sur nos cœurs cet oiseau qui s'envole.
Souviens-toi de l'Éden, Adam, et sois heureux :
Ève te dit encor : « Aimons, vivons à deux. »

ÉPILOGUE.

La Satire, autrefois, fut un combat de ceste,
Et le public aimait le misanthrope Alceste.
Moi, j'ai cru que Paris, des poëtes gâté,
Ne boirait pas sans miel un peu de vérité.
Si mon fouet trop *novice*, effleurant l'épiderme,
A fait rire ou bâiller... s'il faut frapper plus ferme,
J'ajoute la morale au bas de mon tableau.
Autant que du cheval, de lui-même bourreau,
L'homme à Paris fait tout par mode et par caprice;
Craint trop le ridicule, affiche trop le vice,
Et, frivole ou distrait, semble, hélas! oublier
Le devoir ou l'amour qui veille à son foyer;
Il vit hors de chez lui... La mère de famille
Dont l'esprit ou le cœur, vif et pur, pour Dieu brille,
Rappelle en vain l'ingrat; dans l'ombre elle languit
Ou court au tourbillon, se venge et s'étourdit.
Quand on voit sur un char la Folie exaltée,
Pour l'ombre du bonheur la proie est désertée.
On court, on vit trop vite, on ne sait pas vieillir,
Et tes dieux, ô Paris, sont l'Or et le Plaisir.

PARIS. — IMPRIMERIE DE PILLET FILS AINÉ,

RUE DES GRANDS-AUGUSTINS, 5.

9 782019 225643